从汉字到大语文

主编：陈瑞

第三册

车

文化发展出版社
Cultural Development Press
中国·北京

目录

三十八

伸手敲击叮当响

dǎ/dá

基本汉字中的第 38 个字

篆书　　隶书　　楷书

唐代诗人杜甫的“雨来沾席上，风急打船头”中的**打**是一个形声字，读作 dǎ。其中用“手（ ）”表示意义，表示与手部的动作有关，用“丁（ ）表示读音，本义是用手或者器物撞击、敲打，如打击、敲打窗户、打是疼骂是爱。“打破砂锅——问到底”是一句歇后语，比喻对事情刨根问底。“山河破碎风飘絮，身世浮沉雨打萍”（宋・文天祥《过零丁洋》）中的“打”是敲打的意思。

有意思的是，打可以用来表示做一些与手有关的游戏，如打扑克、打麻将。与脚有关的游戏却只能用踢，如踢足球。手足并用的却可以用打，如打球、打比赛，“阊阖（chāng hé）千门万户开，三郎沉醉打球回”〔宋・晁（cháo）说之《打球图》〕。

打可以用作量词，读作 dá，指某些东西十二个，如爸爸给我买了一打铅笔。

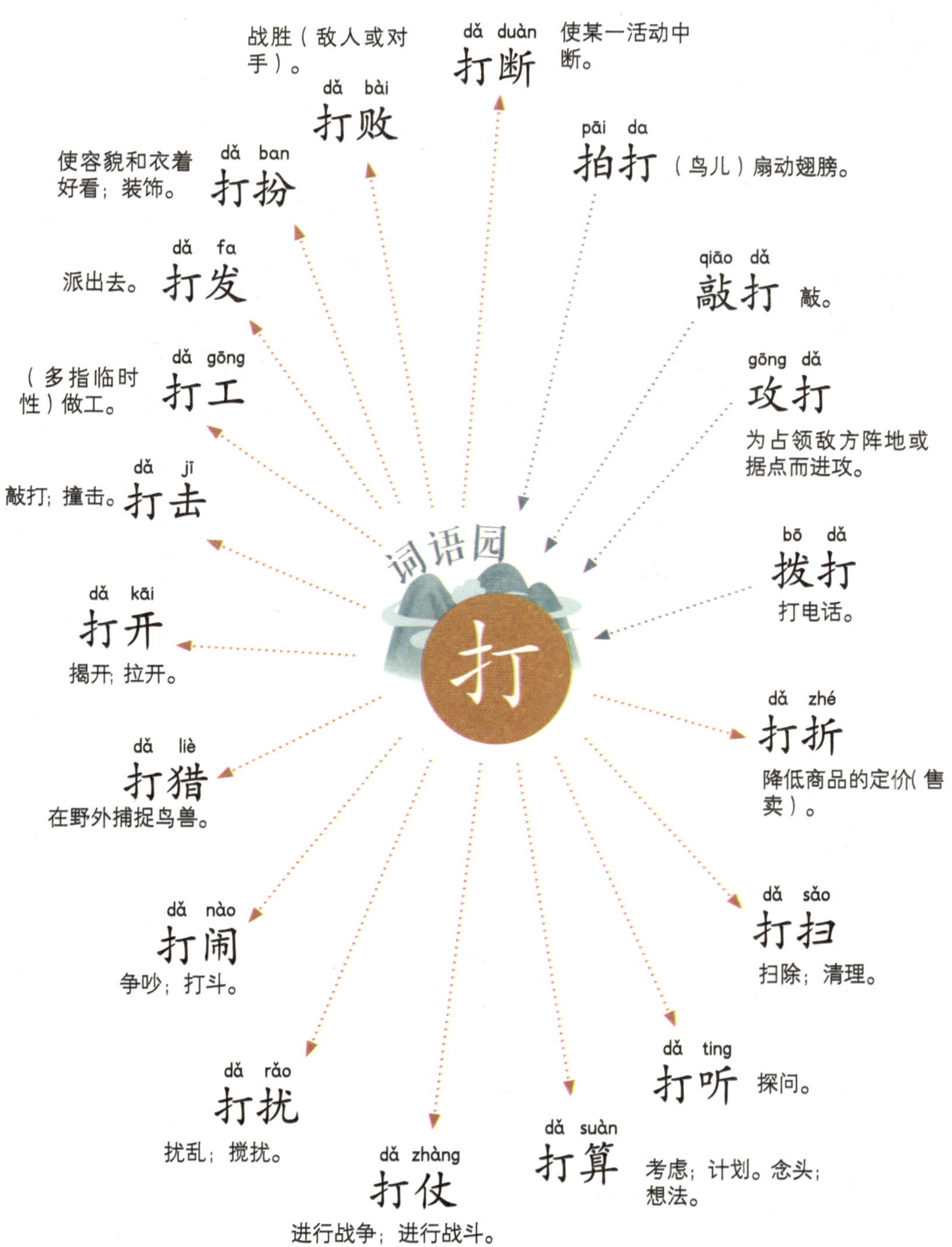
词语园
打
战胜（敌人或对手）。
dǎ bài
打败
dǎ duàn
打断
使某一活动中断。
pāi da
拍打
（鸟儿）扇动翅膀。
使容貌和衣着好看；装饰。
dǎ ban
打扮
派出去。
dǎ fa
打发
qiāo dǎ
敲打
敲。
（多指临时性）做工。
dǎ gōng
打工
gōng dǎ
攻打
为占领敌方阵地或据点而进攻。
敲打；撞击。
dǎ jī
打击
bō dǎ
拨打
打电话。
dǎ kāi
打开
揭开；拉开。
dǎ zhé
打折
降低商品的定价（售卖）。
dǎ liè
打猎
在野外捕捉鸟兽。
dǎ nào
打闹
争吵；打斗。
dǎ sǎo
打扫
扫除；清理。
dǎ rǎo
打扰
扰乱；搅扰。
dǎ ting
打听
探问。
dǎ zhàng
打仗
进行战争；进行战斗。
dǎ suàn
打算
考虑；计划。念头；想法。

热闹的小（）河里，渔夫（）撒下了一张渔网（），河贝（）、螃蟹、乌龟（）、鱼（）儿都跑进网中。

汉字画
打鱼的渔夫

三十九

伸开四肢不再小

dà/dài

基本汉字中的第 39 个字

甲骨文　金文　篆书　隶书　楷书

大是一个象形字，读作 dà。甲骨文、金文和小篆像一个正面伸开四肢的人，是“小”的反义词，本义为面积、体积、容量、数量、强度、力量等超过一般或超过所比较的对象，如大厅、有容乃大、大事化小，小事化了。“欲将轻骑逐，大雪满弓刀”（唐·卢纶《塞下曲》）中的“大雪”用来说明天气恶劣，雪下得很大，很快就布满了弓、刀。

无 题

周恩来

大江歌罢掉头东，邃密群科济世穷。
面壁十年图破壁，难酬蹈海亦英雄。

【译文】高歌一曲“大江东去，浪淘尽”后掉头向东而去，投身到科学知识学习中，渴望学到科学知识后济世救民。刻苦学习十年的目的是找到挽救中国的道路，即使壮志难酬，东渡学习也是一种英雄的行为。

大用于年龄中，指年长，排行第一，如老大。“大儿锄豆溪东，中儿正织鸡笼”（宋·辛弃疾《清平乐·村居》）中的“大儿”指的就是排行第一的儿子。

大可以用在某些专称中，读作 dài，如大夫（医生，其中“夫”读轻声）、大王（戏曲、旧小说中对强盗首领的称呼，其中“王”读轻声）中的“大”。

成语园

大

dà hǎi lāo zhēn
大海捞针
从大海中捞取一根针。比喻极难做到。

dà cái xiǎo yòng
大材小用
大材料派小用场。比喻人才使用不当。

dà jiāng nán běi
大江南北
指靠近长江中下游两岸的广大地区。泛指全国。

dà chī yì jīng
大吃一惊
形容非常吃惊。

dà jīng xiǎo guài
大惊小怪
形容对不足为奇的事情感到恐慌或奇怪。

dì dà wù bó
地大物博
指国家的疆土辽阔，资源丰富。

fā yáng guāng dà
发扬光大
大力弘扬提倡，使美好的事物进一步发展、提高。

guāng míng zhèng dà
光明正大
形容心胸直率坦诚，言行正派无私。

zì gāo zì dà
自高自大
把自己看得很高大。形容自以为了不起。

zhèng dà guāng míng
正大光明
形容人直率正直，心胸坦诚。

kuān hóng dà liàng
宽宏大量
形容人心胸宽广，度量大。

“大手笔”说的是东晋王珣（xún）的典故。

王珣是东晋名士王导的孙子，文章写得特别好，20 岁就成了大将军桓（huán）温的主簿，专门掌管文书。有一次，王珣做了一个梦，梦里有人送给他一支特别大的笔。王珣梦醒后感到非常奇怪，把梦的内容告诉了好朋友，好朋友敷衍他说：“梦嘛，谁没有做过？您就别太当真了。”王珣还是不依不饶，说：“一定会有大手笔的事情发生！”没过多久，孝武帝驾崩，朝廷把写悼词、祭文、哀册的事情交由王珣起草。好朋友高兴地庆贺，说：“这次真的是大手笔呀！”

现用“大手笔”指有名的作家或作品。

汉字乐园 与大有关的汉字

甲骨文像长有身子（大）和头部（口）的人，本义是头顶。

甲骨文像头上有一个簪（zān）子（一）的人（大）。本义是成年男子。

甲骨文像一个人（大）离开门口（口）。本义是离开。

交

甲骨文像一个正面站立的人（ ），相互交叉着两腿（ ）。本义是交叉。

奔

金文像一个甩开两臂的人（ ），迈着步子（ ，指代脚步）向前跑。本义是跑。

乘

你会玩吗？

答案：甲骨文像一个人（ ）站在树木（ ）的顶部。

本义是两脚踏在树上，引申为登、升。

四十

借表转折读作 dàn

dàn

基本汉字中的第 40 个字

甲骨文　篆书　隶书　楷书

宋代爱国诗人陆游有一首《示儿》，“死去元知万事空，但悲不见九州同”中的但是一个形声字，甲骨文用“人（𠆢）”表示意义，用“旦（𣅀）”表示读音。本义是脱衣露出上身，读作tǎn，这个意义后来写作“袒”。

但借用为副词，相当于只、仅、只管、只要，读作dàn，如但愿、但凡、“不求有功，但求无过”。“不闻爷娘唤女声，但闻黄河流水鸣溅溅”（汉乐府《木兰诗》），其中的“但”当副词只讲。

鹿　柴（zhài）

［唐］王维

空山不见人，但闻人语响。
返景入深林，复照青苔上。

【译文】空荡荡的深山中不见一个人影，只是偶尔听见有人说话的声音。夕阳的余晖返照到森林的深处，又映照在那一片青苔上。

但可以用作连词，表示转折关系，相当于不过、然而、但是，如好好学习，但要注意身体。也可以表示假设关系，相当于如果、倘若，如“但

使龙城飞将在，不教胡马度阴山”（唐·王昌龄《出塞》），意思是说，倘若飞将军李广还活着，不会让胡人的铁骑度过阴山的，表达了诗人希望朝廷重用良将，早日平息边塞战争，使国家安宁、百姓安居乐业的迫切心情，这里的“但”表示假设关系。

把○中的字填上，并说一说加拼音词的意思。

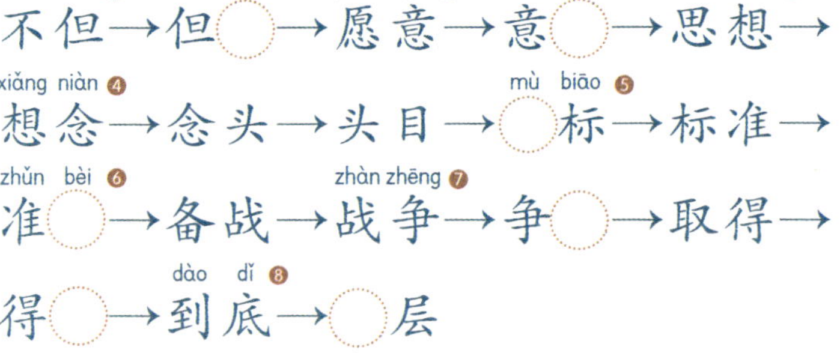

不但（bú dàn）❶→但○→愿意（yuàn yì）❷→意○→思想（sī xiǎng）❸→想念（xiǎng niàn）❹→念头→头目→○标（mù biāo）❺→标准→准○（zhǔn bèi）❻→备战→战争（zhàn zhēng）❼→争○→取得→得○→到底（dào dǐ）❽→○层

❶ 用在表示递进的复句的上半句里，下半句里常有连词“而且、并且”或副词“也、还”等与之相呼应，表示除所说的之外，还有更进一层的意思。
❷ 认为符合自己心愿而同意做某事。
❸ 客观存在反映在人的意识中经过思维活动而产生的结果。
❹ 对景仰的人、离别的人或环境不能忘怀，希望见到。
❺ 想要达到的境地或目的。
❻ 预先安排或筹划。打算。
❼ 民族之间、国家之间、阶级之间或政治集团之间的武装斗争。
❽ 到尽头；到终点。

答案：愿、思、目、备、取、到、底

四十一

两块田地无差别

dāng/dàng

基本汉字中的第 41 个字

篆书

隶书

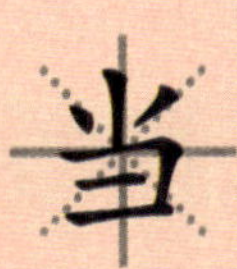

楷书

唐代诗人杜甫的《望岳》，形象生动地描绘了泰山雄伟磅礴（páng bó）的气象，表达了诗人不怕困难、敢于攀登顶峰、俯视一切的雄心壮志。“会当凌绝顶，一览众山小”中的**当**是一个形声字，读作 dāng，繁体写作當，本义指两块田地相当、相等。泛指对等、匹配，如门当户对、两军旗鼓相当。如果能力与实际需要相称，就能够担任、担当，如充当、当英雄。“当差的儿子打犯法的爹——公事公办”是一句歇后语，意思是秉公办事，不留私情。

当也可以用在主持工作、掌握权力中，如当政、当权。如果能力相当，就应该去做，如应当、当断不断反受其乱。“生当作人杰，死亦为鬼雄”（宋·李清照《夏日绝句》），意思是活着就应当做人中豪杰，死后也要当鬼中的英雄，表达了诗人宁死不屈的志向和决心。

当有一个特殊的用法，“一夫当关，万夫莫开”，意思是说，在悬崖陡峭的关口，只要有一名士兵把守，即使对方有千万雄兵也不能从这里冲过去。这里的“当”是“占领、把守”之意。

杂 诗

【东晋】陶渊明

盛年不重来，一日难再晨。

及时当勉励，岁月不待人。

【译文】青春时光如果过去就不可能再来，一天之中永远看不到第二次日出。人们应当趁着年富力强的时候勉励自己，岁月如梭并不等待人。

当用作介词，表示正在、在（某时某地），如当初、当时。“锄禾日当午，汗滴禾下土”（唐·李绅《悯农二首》其二），“好雨知时节，当春乃发生”（唐·杜甫《春夜喜雨》），以上诗句中的“当”都用作介词。

由两块田地相对等，可以引申出抵得上、等于，这个意义读作 dàng（下面的读音相同），如以一当十、以水当酒。也可以引申出看成、当作，如长歌当哭、安步当车。“寒夜客来茶当酒，竹炉汤沸火初红”（宋·杜耒《寒夜》），生动地描写了寒夜时分，客人来访，主人燃起火炉，以茶代酒热情待客的场面。

词语园

当

人、物所在的或事情发生的那个地方。

dāng dì
当地

qià dàng
恰当 合适；适当。

表示合于事理或情理，没有疑问。

dāng rán
当然

shàng dàng
上当 吃亏受骗。

dāng jiā
主持家务。当家

shì dàng
适当 合适；适当。

dāng miàn
在面前；面对面。当面

yīng dāng
应当 应该。

dāng nián
指过去某一时间。当年

zhèng dàng
正当 合理合法的。

dāng qián
目前；现阶段。当前

zhèng dāng
正当
正处于（某个时期或阶段）。

dāng shí
泛指从前。当时

dàng zhēn
当真 信以为真。

dāng xīn
小心；留神。当心

dàng zuò
当作
认为；看作。

dāng xuǎn
当选
选举时被选上。

“当局者迷，旁观者清”是一句俗语，与唐代学者元行冲有关。

有一次，大臣魏光乘上书唐玄宗，要求把唐初魏征整理注解过的《类礼》列为经书。玄宗当即表示同意，并命元行冲召集学者编写《义疏》。左丞相张说坚决反对，他认为：“现在的《礼记》，是西汉戴圣编纂的，东汉郑玄加了注解，没有必要改用魏征的。”玄宗听后便改变了主意。元行冲因此辞去官职，写了《释疑》一文，用主客对话的形式表明了自己的观点。客人问：“《礼记》这部经典著作，戴圣编纂、郑玄加注的本子与魏征修订的本子相比，究竟哪个好呢？”主人答：“戴圣编纂的本子互相矛盾的地方很多，魏征正是考虑到这些因素才重新整理的。谁想却遭到那些墨守成规的人的反对！”客人说：“是啊，这就像下棋一样，下的人糊涂，旁观者却看得清清楚楚。”

后用“当局者迷，旁观者清”比喻当事人往往主观片面，旁观者反而看得很清楚。

四十二

古代兵器和货币

dāo

刀

基本汉字中的第 42 个字

甲骨文　金文　篆书　隶书　楷书

“北斗七星高，哥舒夜带刀”是唐代诗人西鄙人《哥舒翰》中的诗句。诗人采用比兴的写作手法，用高挂天空的北斗七星，来表达当地百姓对哥舒翰将军的敬佩之情。其中的**刀**是一个象形字，读作 dāo。甲骨文、金文、小篆像一把刀的形状，本义为古代的一种兵器，可用来切、割、斩、削、砍、刺、铡，如刺刀、刀枪不入、刀光剑影。“刀快不怕脖子粗”是一句俗语，比喻只要力量大，就能够克服任何困难。“不惜千金买宝刀，貂裘换酒也堪豪”（清·秋瑾《对酒》），表现了秋瑾为了革命事业不惜变卖家产的豪爽之气。

刀有一个特殊的用法，那就是当农具讲。“刀耕火种”是上古时期先民们的一种耕作方法，他们砍去荒地上的树木，烧毁野草和灌木丛，然后在布满灰烬的土地上播种耕耘。需要注意的是，这里的“刀”不是指兵器，而是指农具。

塞下曲

［唐］卢纶

月黑雁飞高，单于夜遁逃。

欲将轻骑逐，大雪满弓刀。

【作者】卢纶（lún），字允言，唐代诗人，大历十才子之一。他一生经历坎坷，参加多次科举考试，都名落孙山。他的诗多是感时伤乱之作，但《塞下曲》却写得苍劲雄浑，最为有名。

【译文】漆黑的月夜大雁高飞，敌军首领单于（chán yú）趁着夜色潜逃。正想率领轻骑前去追杀，却见纷纷扬扬的大雪落满了将士的弓和刀。

【鉴赏】这首诗赞扬了边塞将士警惕性很高，发觉敌人乘夜色逃跑后马上冒雪追逐的豪迈气概，表现了戍守边塞的将士们的真实生活，歌颂了将士们英勇无畏的性格和豪情满怀的气势。

首句写漆黑的夜晚，栖息的大雁惊慌飞起，透露出敌人趁着夜色行动的信息，给读者留下了悬念，引起读者丰富的想象。第二句告诉读者是狡猾的敌人乘着夜色悄悄逃跑。前两句中，“黑”“高”“夜”等渲染了战地紧张的气氛。三、四两句写面对突如其来的情况，我军将领并没有派出大军，而是仅仅派出轻骑前去追逐，表现了将士的自信和勇猛。这时，漫天大雪飞舞，战士的刀、弓上立即落满了雪花。全诗以这样的情景描写作为结尾，使得战士保卫祖国边塞安宁的豪情壮志跃然纸上，铭刻在读者的脑海中。

博士喵赏古诗

刀可以泛指形状与刀相似的工具，如剪刀、镰刀、菜刀。“刀子嘴，豆腐心”是一句俗语，说的是人说话刻薄，但是却心地善良。“不知细叶谁裁出，二月春风似剪刀”（唐·贺知章《咏柳》），“寒衣处处催刀尺，白帝城高急暮砧”（唐·杜甫《秋兴八首》其一）中用的就是“刀”的泛指义剪刀。

在古代，刀也指形状像刀的一种货币——刀币，它是用青铜铸造而成的，主要流通于春秋战国时期，种类很多。直到秦始皇统一度量衡和货币后，才废除了刀币。“厚刀布之敛以夺之财”（《荀子·富国》），这里的“刀布”就是“刀币”和“布币”的意思。

把○中的字填上，并说一说加拼音词的意思。

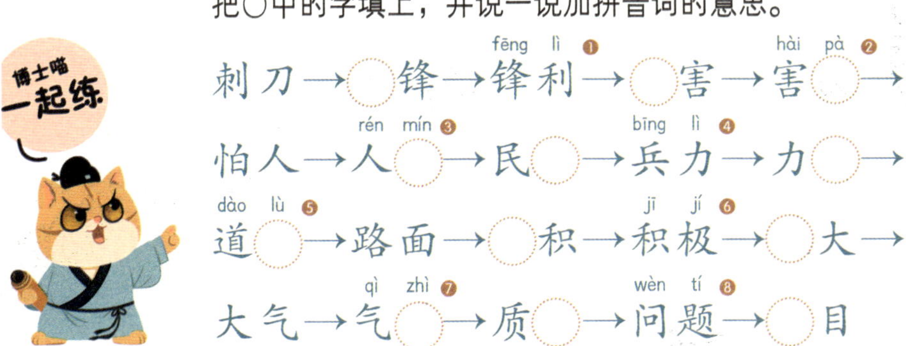

❶（工具、武器等）头尖薄，容易刺入或切入物体。
❷ 感到胆怯、不安或发慌。
❸ 以劳动群众为主体的社会基本成员。
❹ 军队的实力，包括人员和武器装备等。
❺ 地面上供人或车马通行的部分。
❻ 努力进取的；热心的。
❼ 风格；气度。
❽ 要求回答或解释的题目。

答案：刀、利、怕、民、兵、道、路、面、极、质、问、题

汉字乐园　与刀有关的汉字

别

金文像用刀（ ）分解骨头（ ）。本义是分解骨头。

刃

甲骨文像一把刀（ ）最锋利的地方（ ）。本义是刀刃。

刑

甲骨文像一个人（ ）被关在水牢（ ）中。本义是刑罚。

删

金文像用刀（ ）删除书册（ ）上的文字。本义是删除。

利

甲骨文像用刀（ ）割庄稼（ ）。本义是锋利。

初

你会玩吗？

答案：甲骨文像用刀（ ）裁制衣服（ ）。本义是制作衣服。

“杀鸡焉用牛刀”说的是“孔门十哲”之一子游的故事。

子游学成之后，做了鲁国武城的县令，用礼乐教化当地百姓，他管辖的范围之内处处有弦歌之声。

有一次，孔子来到武城，听见弹琴唱歌的声音，笑着对子游讲：“杀鸡哪里用得着宰牛的大刀呀。”意思是治理武城这个小地方，用不着礼乐。子游回答说：“以前您讲过，君子学了礼乐就能够相亲相爱，小人学了礼乐就能够向善。”孔子听了子游的话，对身边的弟子们说：“子游说得对呀。”

后用“杀鸡焉用牛刀”比喻办小事情，不必花费大力气。

四十三

从别处来就是到

dào

到

基本汉字中的第 43 个字

到

篆书　隶书　楷书

汉乐府《长歌行》“百川东到海，何时复西归？”中的**到**是一个形声字，本义是到达、来到，如初来乍到。“到什么山上唱什么歌”是一句俗语，说的是要根据不同情况采取不同的办法。“姑苏城外寒山寺，夜半钟声到客船”（唐·张继《枫桥夜泊》），意思是说，半夜时分，姑苏城外寒山寺里的钟声响起，载着客人的船来到这里。

浪淘沙（其一）

［唐］刘禹锡

九曲黄河万里沙，浪淘风簸自天涯。

如今直上银河去，同**到**牵牛织女家。

【作者】刘禹锡，字梦得，洛阳人，唐代著名诗人。刘禹锡与柳宗元并称“刘柳”，与韦应物、白居易合称“三杰”。他的诗歌内容比较丰富，诗风多样，以豪迈为主要特色。

【译文】万里黄河挟带着数不清的泥沙，弯弯曲曲地流淌着，奔腾万里的河水，就像从天边滚滚而来。今天我们可以沿着黄河径直走到银河，一起去寻访牛郎和织女的家。

【鉴赏】这首诗描写了黄河雄伟壮观的景象，表现了黄河边上的淘金者在风浪中淘金的艰辛生活，表达了诗人向往美好生活和以乐观的心态面对世事变迁、不畏风沙巨浪、逆流而上的积极态度。

一开始，诗人就抓住黄河的形状、颜色等特点，简洁、形象地展现了黄河雄伟壮观的景象。“万里沙”写出了黄河多泥沙的特点，一个“簸”字，写出了黄河波涛翻腾、奔涌而来的气势，体现了淘金者生活的艰难和辛劳。后两句紧承前两句，面对汹涌澎湃、浊浪滔滔的黄河水，诗人突发奇想：想沿着黄河一直走到天上的银河，拜访牛郎和织女的家，表现了诗人对于浪漫宁静生活的憧憬（chōng jǐng）。

博士喵
赏古诗

从本义可以引申出到达某一时间，如从早到晚、从古到今。“待到重阳日，还来就菊花”（唐·孟浩然《过故人庄》），是诗人与朋友约定，等到重阳节这天，他还会来朋友家里，与朋友一起饮酒赏菊。这里的“到”指的就是到重阳节这一天。

到也可以引申为前往，如你要到哪里去？“我寄愁心与明月，随君直到夜郎西”（唐·李白《闻王昌龄左迁龙标遥有此寄》），表现了李白和王昌龄之间深厚的友谊，诗人虽不能陪伴在王昌龄的左右，心却与他在一起。这里的“到”就是前往的意思。

说一说加拼音成语的意思。

cóng zǎo dào wǎn ❶
从早到晚→晚节不保→保国安民→

mín bù liáo shēng ❷ tóu tóu shì dào ❸
民不聊生→生死关头→头头是道→

道听途说→说古谈今→今昔之感→

yáo tóu bǎi wěi ❹
感天动地→地动山摇→摇头摆尾→

diào yǐ qīng xīn ❺ xīn líng shǒu qiǎo ❻
尾大不掉→掉以轻心→心灵手巧

❶ 从早上到晚上，指一整天。
❷ 百姓失去了赖以生存的条件。形容人民生活极端困苦。
❸ 形容说话、做事条理清楚，道理充分。
❹ 摇动着头，摆动着身体。形容悠然自得的样子。
❺ 指对某事物采取轻率、不重视的态度。
❻ 心思灵敏，手艺精巧。

“药到病除”说的是药王孙思邈（miǎo）的故事。

贞观年间，长（zhǎng）孙皇后怀胎十月，却迟迟不能分娩（miǎn），加上重病缠身，不能起床，太医一点办法都没有。大臣徐懋（mào）功向唐太宗推荐民间名医孙思邈，说他能够妙手回春，药到病除。太医们担心丢了饭碗，千方百计为难孙思邈。其实，孙思邈明白太医们的心思，他巧妙采用悬丝诊脉的办法为皇后切脉，仔细询问侍奉皇后的宫女有关皇后的起居饮食等情况。孙思邈采用问和切的方法，运用针灸疗法，使得皇后顺利分娩，生下皇子。随后他给皇后开了几副中药，不久皇后就痊愈了。

唐太宗龙颜大悦，想让孙思邈留在宫中掌管太医院。孙思邈以解除天下百姓疾病为己任，婉言谢绝了唐太宗的任命，继续到民间行医治病。

四十四

行走运动的大路

dào

基本汉字中的第 44 个字

篆书

隶书

楷书

元代马致远的小令《天净沙·秋思》，通过一幅幅生动的画面，抒发了一位远在天涯的游子，在秋天思念故乡的心情。其中“枯藤老树昏鸦，小桥流水人家，古道西风瘦马”中的道是一个形声字，读作 dào，本义指道路，如康庄大道。“道听而途说”（《论语·阳货》）、“今天大雨，道不通，度（duó）已失期”（汉·司马迁《史记·陈涉世家》）中的“道”都指道路。“远芳侵古道，晴翠接荒城”（唐·白居易《赋得古原草送别》），意思是说远处的野花布满了道路，艳阳下的草地连接着朋友要去的地方。

从道路这个意思可以引申为像道路一样供通行的途径，如水道、地道、呼吸道。也可以指像道路一样起引导作用的方法、道德、思想、学说等，如门道、道义、道术。“朝闻道，夕死可矣”（《论语·里仁》），意思是说，早上听到了学说，晚上死了也没有什么遗憾的。这里的“道”当思想、学说讲。

道还可以用来说明像道路一样的条形物的量，如一道闪电划过天空。“一道残阳铺水中，半江瑟瑟半江红”（唐·白居易《暮江吟》）生动地描写了夕阳西下、晚霞映江的壮丽景象。诗句中的“道”就是量词。

池上

［唐］白居易

小娃撑小艇，偷采白莲回。

不解藏踪迹，浮萍一道开。

【作者】白居易，字乐天，号香山居士，唐代伟大的现实主义诗人。他前期的诗作能够针砭（biān）时弊，反映民众的疾苦，现实性较强；后期诗作以自抒情怀为主。他的诗风语言通俗易懂，流传甚广，有“诗王”“诗魔”之称。

【译文】一个小孩子撑着小船，偷偷地采摘了白莲回来。他不知道怎样掩藏自己的踪迹，水面上的浮萍留下了一道小船划过的痕迹。

【鉴赏】这首诗采用白描的手法，刻画了一个天真无邪的孩子瞒着大人去池中采摘白莲的情景。诗人用简洁的语言，描写了小娃娃的天真幼稚、活泼淘气的可爱形象，十分富有韵味，令人倍感可亲、可爱、可喜。

在江南水乡，孩子们的水性都非常好，会游泳，会划船。莲是水乡大面积种植的一种植物，莲子、莲藕都可以给种植者带来一定的经济收入，因此小孩子不时地瞒着大人去采摘白莲。这种行为是会遭到大人的责骂的。这首诗写的就是小孩子偷采白莲的整个过程。

诗人采用了口语化的通俗语言，描写了池塘的景色，描绘了一个小孩有趣的行为，刻画了他幼稚的心理。他瞒着大人、蹑（niè）手蹑脚地驾着小船穿梭在莲叶之间，自以为行动十分隐秘，不会被大人发现。然而他还是太幼稚了，当他采完白莲后，却不懂得隐藏自己的行踪。小船划动时，周围的浮萍被荡开，水面上留下一道长长的痕迹，他的行踪完全暴露了。诗人这样写，使得小孩子天真幼稚、活泼淘气的可爱形象跃然纸上。

博士喵
赏古诗

词语园

道

dào bié
道别
离别；分手（一般要打个招呼或说句话）。

nán dào
难道
用在疑问句中，加强反问语气。

dào lǐ
道理
事物的规律。

jiē dào
街道
旁边有房屋的比较宽阔的道路。

dào lù
道路
地面上供人或车马通行的部分。

bà dào
霸道
强横，蛮不讲理。

dào qiàn
道歉
表示歉意。

wèi dào
味道
气味。

yí dào
一道
一起。

dà dào
大道
古代指政治上的最高理想。

pǎo dào
跑道
运动场中作赛跑用的路。

dì dào
地道
在地下挖掘的交通坑道。

tōng dào
通道
往来的大路；通道。

zhī dào
知道
对于事实或道理有认识；懂得。

汉字乐园 与道有关的汉字

辵

是“辵”隶变后的结果，甲骨文由一只脚（）和表示道路的行（）组成。本义是走走停停。

巡

甲骨文由辵（，表示走走停停）和示读音的（）组成。本义是巡行。

过

金文由辵（表示走走停停）和表示读音的（后来写作骨）组成，表示用脚走过的意思。本义是走过、经过。

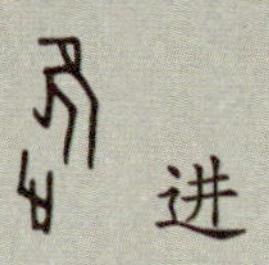 进

甲骨文像一只鸟（，隹）用爪（，用朝上的脚趾表示）向前走；金文用辵代替了止。本义是前进。

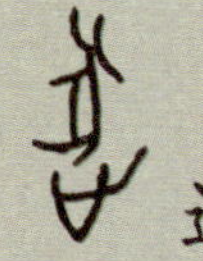 逐

甲骨文上部是一头野猪（，豕），下部是一只脚（，止，后来写作趾，脚趾），意思是追赶一头野猪。本义是追逐。

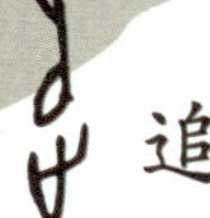 追

你会玩吗？

答案：甲骨文由止（，表示行走）和表示读音的组成；金文用辵代替了止。本义是追逐。

“道边苦李”说的是西晋名士“竹林七贤”之一王戎的故事。

王戎从小就非常聪明。七岁时，他和同伴在路边玩耍。路边李子树上长满了李子，累累的果实已经把树枝压弯了。其他孩子都跑去采摘李子，只有王戎站在那里一动不动。过路人问他为什么不去采摘，王戎说：“李子树长在路边还能有这么多李子，说明李子是苦的，不然早被人摘光了。”路人品尝之后，果然是苦的。

四十五

像太阳一样明亮

de/dì/dí

的

基本汉字中的第 45 个字

的 的 的

篆书 隶书 楷书

的是一个形声字，它有三种读音。小篆写作 ，本义是鲜明、明亮，读作dì，如“秋山的翠，秋江澄空，扬帆迅征，不远千里”（南唐·李煜《送邓王二十六弟牧宣城序》），现在很少使用本义。

后来，隶书把“日”误写为“白”，引申指明亮的东西——箭靶的中心，如众矢之的。“心手相忘，二俱得妙，箭箭中的”（宋·释子益《颂古十一首》其一），“箭箭中的”就是每次射箭都射中靶心。

《水心别集》是中国古代的一部关于哲学、政治和经济的重要论著，由南宋著名思想家、文学家、政论家叶适所写。其中有“论立于此，若射之有的也。或百步之外，或五十步之外，的必先立，然后挟弓注矢以从之”一段话。在这段话里，叶适以射箭做比，强调了论点的重要性。他说，论点就像箭靶的中心一样，有时候在一百步之外射箭，有时候在五十步之外射箭。无论在什么地方射箭，都要先把箭靶立起来，然后再对准箭靶开弓射箭，这样才有可能射中靶心。由此可见确立论点的重要性。后用“有的放矢”指说话做事要有针对性。

如果一个人心中有了目标，就会变得实在、确实，这个意思是副词，读作dí，如这件事的确是我干的。

后来，的假借为助词，表示修饰或所属关系，读作de，如美丽的景色、这是我的书。

四十六

燃烧照明的器具

dēng

灯

基本汉字中的第 46 个字

篆书 隶书 楷书

清代查（zhā）慎行的《舟夜书所见》“月黑见渔灯，孤光一点萤”中的**灯**是一个形声字，读作 dēng。繁体写作燈，本义是照明的器具，如油灯、电灯、张灯结彩。“灯不拨不亮，话不说不明”是一句俗语，说的是把话讲明白，把道理讲清楚。“知有儿童挑促织，夜深篱落一灯明”（宋·叶绍翁《夜书所见》），“有约不来过夜半，闲敲棋子落灯花”（宋·赵师秀《约客》），以上诗句中的“灯”都当照明的器具讲。

灯在古代还有一个特指意义，那就是元宵节的彩灯，如龙灯、灯市。“去年元宵夜，花市灯如昼”（宋·欧阳修《生查子·元夕》）中的“灯”特指元宵节的彩灯。

长相思

［清］纳兰性德

山一程，水一程，身向榆关那畔行，夜深千帐灯。
风一更，雪一更，聒碎乡心梦不成，故园无此声。

【作者】纳兰性德，本名纳兰成德，因避太子保成讳而改名纳兰性德。其文学成就以词为最高，尤擅长小令。纳兰性德的词以“真”取胜，写景逼真传神，词风清丽婉约，独具特色。

【译文】跋山涉水走过一程又一程，将士们马不停蹄地向着山海关外行进。夜深之时，所有的帐篷里都点起了灯火。帐篷外面一整夜都风雪交加，寒风呼啸、雪花乱舞的嘈（cáo）杂声，扰得思乡的将士们无法入睡。这样的天气勾起了他们对故乡的思念，故乡是多么温暖宁静呀，哪有这般狂风呼啸、雪花乱舞的聒（guō）噪之声。

【鉴赏】康熙二十一年（1682），因云南平定，康熙皇帝出关东巡，祭告奉天祖陵。纳兰性德随帝出行。路上风雪交加，苦寒的天气引发了他对京师家人的思念，于是写下了这首词。

上片写旅程的艰难漫长：翻山越岭，渡河涉水，一路向着榆关那边行进；夜深了，帐篷里都点亮了灯。两个“一程”重复使用，写出了路途的漫长曲折。“身”向榆关，暗示“心”向京师，使人想到词人离乡越远越留恋家园的情感。夜晚灯光闪烁，词人难以入眠，于是转入下片的思乡之情。

下片描写风雪交加的塞外：夜里狂风暴雪不停歇，嘈杂的风雪声搅得词人无法入睡，不由得让词人想到家乡的宁静：没有这样嘈杂的声音。“聒”字生动贴切，既写出了风狂雪骤的气势，又表现了词人对狂风暴雪的厌恶之情。

把○中的字填上，并说一说加拼音词的意思。

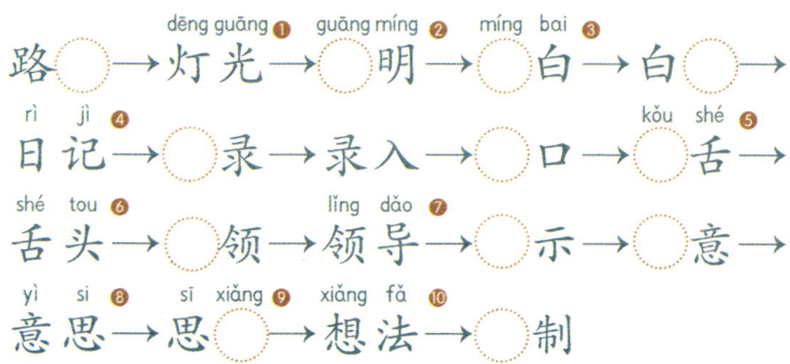

1. 指舞台上或摄影棚内的照明设备。
2. 亮光。比喻正义的或有希望的。
3. 内容、意思等使人容易了解；清楚。
4. 每天所遇到的和所做的事情的记录。
5. 指因说话而引起的误会或纠纷。
6. 辨别滋味、帮助咀嚼和发音的器官。
7. 率领并引导朝一定方向前进。担任领导的人。
8. 语言文字的意义；思想内容。
9. 客观存在反映在人的意识中经过思维活动而产生的结果。
10. 思索所得的结果；意见。

答案：灯、光、明、日、记、入、口、头、导、示、想、法

北宋时，常州（今属江苏省）太守田登规定全州百姓都要避讳他的名字，谁误用了他名字中的字他就会大发雷霆（tíng），吏卒大多因此挨过板子。于是人们不得不把“灯”（“登”的谐音）叫作“火”。

每年正月十五，当地都要摆设花灯，官府允许百姓进城观赏花灯，吏卒书写的告示如下：“本州依照惯例，放火三天。”因为吏卒担心挨板子，所以把“放灯”写成了“放火”。后来，这个告示就变成了一句俗语：“只许州官放火，不许百姓点灯。”泛指胡作非为的人不许别人有正当的权利。

四十七

人类生活的地方

dì/de

基本汉字中的第 47 个字

篆书　隶书　楷书

唐代李白的《静夜思》运用比喻、衬托等写作手法，描写皓月当空的秋夜，诗人望月后引发的思乡之情。其中，“床前明月光，疑是地上霜”中**地**是一个形声字，读作 dì。本义是**大地**，如地动山摇、惊天动地。“天地合，乃敢与君绝”（汉乐府《上邪》），“敲成玉磬穿林响，忽作玻璃碎地声”（宋·杨万里《稚子弄冰》），以上诗句中的“地”都当大地讲。

汉江临泛

［唐］王维

楚塞三湘接，荆门九派通。

江流天**地**外，山色有无中。

【译文】汉江流过楚塞（sài）又折入了三湘，西起荆门向东奔流与九江相通。远远望去，江水好像流到天地之外，走近观看，山峦景色若有若无中。

人们把能够用来种庄稼的陆地称作田地，如下地干活、耕田种地。“不论平地与山尖，无限风光尽被占”（唐·罗隐《蜂》），意在说明蜜蜂的勤劳，为了采蜜，它们的足迹遍布山地和平地。

地引申指地区、范围较大的地方，如世界各地。“人生地不熟”是一句俗语，说的是人初来乍到，对当地的情况不熟悉。“此地一为别，孤蓬万里征”（唐·李白《送友人》），叙述诗人在这个地方和朋友分别，从此以后，他们就像蓬草一样各奔西东，不知何时才能再次相聚。

后来，地假借为助词，表示修饰关系，读作 de，如顺利地写完了作业，忘我地工作。

泛指生长草本植物的大片土地。
cǎo dì
草地
房屋等建筑物内部以及周围的地上铺的一层东西。
dì bǎn
地板
空地，多指供文娱体育活动或施工、试验等用的地方。
chǎng dì
场地
某一区域，部分。
dì fang
地方
广大的地面。也指地球。
dà dì
大地
所在的地方。
dì diǎn
地点
太阳系八大行星之一。
dì qiú
地球
tǔ dì
土地
田地。
词语园
地
wài dì
外地
本地以外的地方。
dì tǎn
地毯
铺在地上的毯子。
tián dì
田地
耕种的土地。
dì tiě
地铁
地下铁道的简称。
gēng dì
耕地
用来耕作并种植农作物的土地。
dì xià
地下
秘密活动的；不公开的。地面之下；地层内部。
yuán dì
园地
菜园、花园、果园等的统称。
gōng dì
工地
进行建筑、开发、生产等工作的现场。

“开天辟地”是中国的创世神话传说。

相传，很久很久以前，天和地连在一起，宇宙就像一个大鸡蛋，模糊成一团。有个叫盘古的巨人，在这片混沌（dùn）中睡了一万八千年。后来，天和地分开了，清而轻的阳气缓缓上升变成了天，浊而重的阴气慢慢下沉变成了地。盘古处在天和地中间，一天之中有多次变化，他的智慧和能力远远超过了天和地。天每日升高一丈，地每日加厚一丈，盘古每日长高一丈。就这样又经过了一万八千年，天升得非常高，地变得非常厚，盘古的身体也变得非常长（cháng）。为了防止天和地再次合在一起，盘古就用手撑着天，用脚踩着地。从此以后，世上才出现了三皇五帝。

后用“开天辟地”指有史以来。

四十八

脸上细小的痕迹

diǎn

点

基本汉字中的第 48 个字

篆书

隶书

楷书

点是一个形声字，读作 diǎn，本义指人脸上细小的黑点，这个意义现在已经很少使用。泛指斑点、污迹，如污点、黑点。

因为黑点比较小，所以点可以比喻细小的东西，如斑点、雨点。“点心铺里买棺材——上错门”是一句歇后语，指找错了地方。“山色空蒙雨点微，醉中不觉湿蓑衣”（宋·陆游《湖村野兴》），说的是山中的气候变化多端，不知不觉中蒙蒙细雨就打湿了蓑衣。

点可以用作动词，当一触就立刻离开讲，如“穿花蛱蝶深深见，点水蜻蜓款款飞”（唐·杜甫《曲江二首》其二），后来从这句诗中提炼出“蜻蜓点水”这个成语。

点可以用作量词，说明量小的或少的事物，如几点泪水。“七八个星天外，两三点雨山前”（宋·辛弃疾《西江月·夜行黄沙道中》），“月黑见渔灯，孤光一点萤”〔清·查（zhā）慎行《舟夜书所见》〕，以上诗句中的“点”都说明量小。

菩萨蛮·大柏地

毛泽东

赤橙黄绿青蓝紫，谁持彩练当空舞？雨后复斜阳，关山阵阵苍。当年鏖（áo）战急，弹洞前村壁，装点此关山，今朝更好看。

【译文】天空中呈现七色的彩虹，是谁手持这彩虹在空中翩翩起舞？黄昏雨后又出现了夕阳，山峦随着阳光在云层中穿过，泛出一阵阵苍翠的颜色。当年我们在这里曾经和敌人进行过一次殊死激烈的战斗，子弹穿透了村庄的墙壁，弹痕累累的墙壁装点着关隘群山，在今天显得更加好看。

博士喵
赏古诗

把○中的字填上，并说一说加拼音词的意思。

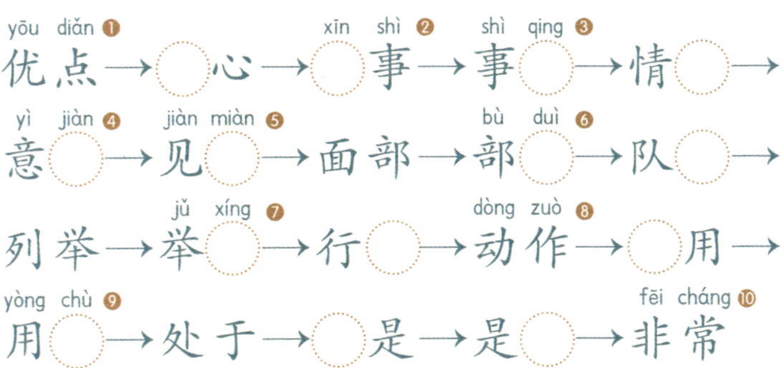

❶ 好的或完美的地方。
❷ 闷在心里不愿意告诉人的事。
❸ 人类生活中的一切活动和所遇到的一切社会现象。
❹ 对事情的一定的看法或想法。
❺ 彼此对面相见。
❻ 军队。
❼ 进行（仪式、集会、比赛等）。
❽ 指身体的活动。
❾ 作用；用途。
❿ 副词，表示程度极高。

答案：点、心、情、意、见、面、队、列、行、动、作、处、于、非

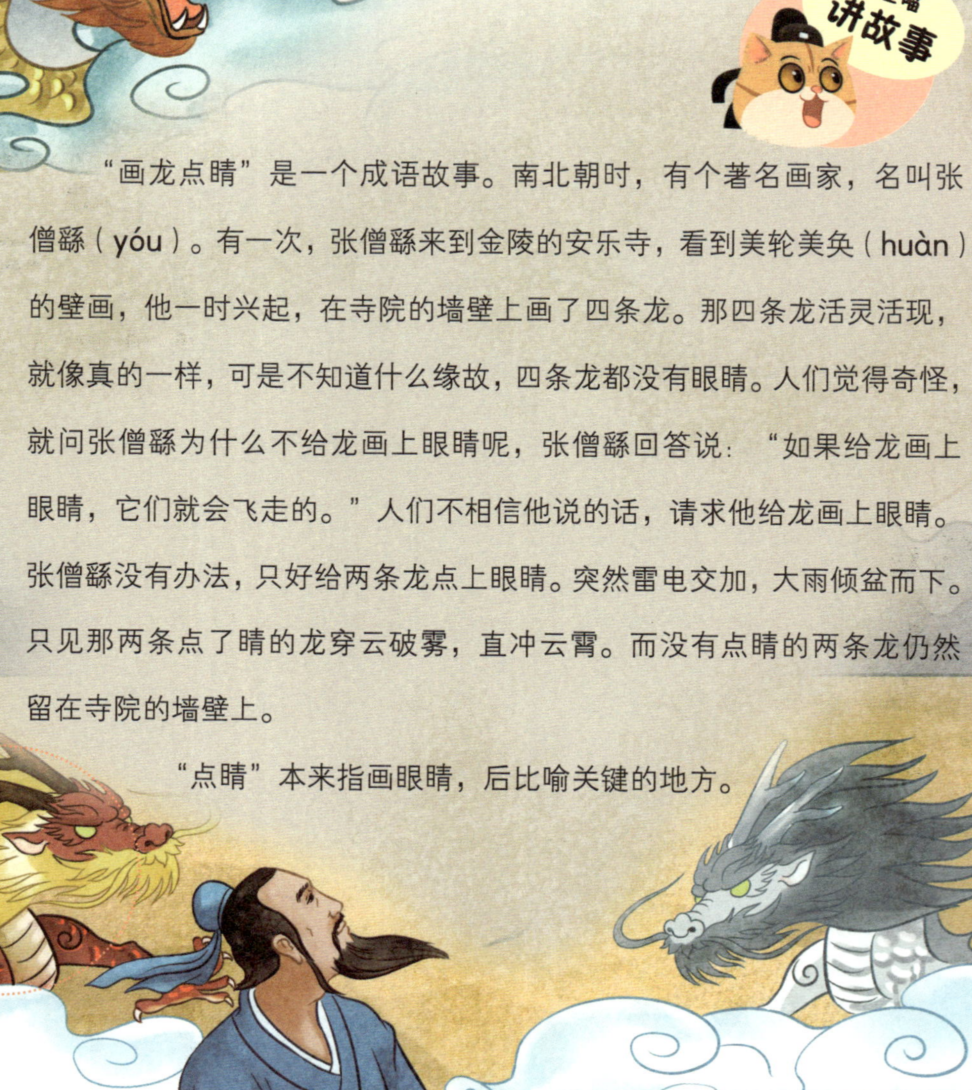

“画龙点睛”是一个成语故事。南北朝时，有个著名画家，名叫张僧繇（yóu）。有一次，张僧繇来到金陵的安乐寺，看到美轮美奂（huàn）的壁画，他一时兴起，在寺院的墙壁上画了四条龙。那四条龙活灵活现，就像真的一样，可是不知道什么缘故，四条龙都没有眼睛。人们觉得奇怪，就问张僧繇为什么不给龙画上眼睛呢，张僧繇回答说：“如果给龙画上眼睛，它们就会飞走的。”人们不相信他说的话，请求他给龙画上眼睛。张僧繇没有办法，只好给两条龙点上眼睛。突然雷电交加，大雨倾盆而下。只见那两条点了睛的龙穿云破雾，直冲云霄。而没有点睛的两条龙仍然留在寺院的墙壁上。

“点睛”本来指画眼睛，后比喻关键的地方。

四十九

雨云闪光的能量

diàn

基本汉字中的第 49 个字

甲骨文 1

甲骨文 2

金文 1

金文 2

大篆

小篆 1

小篆 2

隶书

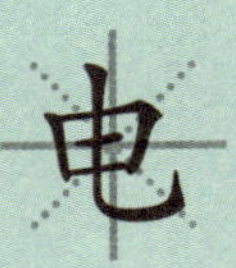

楷书

电的甲骨文是一个象形字，读作 diàn，像闪电的样子。本义为闪电，如电闪雷鸣。“电线杆子绑鸡毛——好大的掸（胆）子”是一句歇后语，形容人的胆量非常大，这里的“掸子”与“胆子”谐音，指的是人的胆量。“雷公推车电施鞭，飞腾九泽舞百川”（宋·司马光《和复古大雨》），这里的雷公是神话传说中电母的配偶。古人认识水平低下，不了解闪电其中的道理，认为闪电是雷公推车，电母放电。这样一来，闪电就会在川泽中飞舞腾跃。

电后引申比喻为像闪电一样迅速，如复兴号高铁风驰电掣（chè）般经过站台。“流年如电，归心似水”（元·马需庵《望海潮》），形容岁月就像闪电一样迅速流逝。

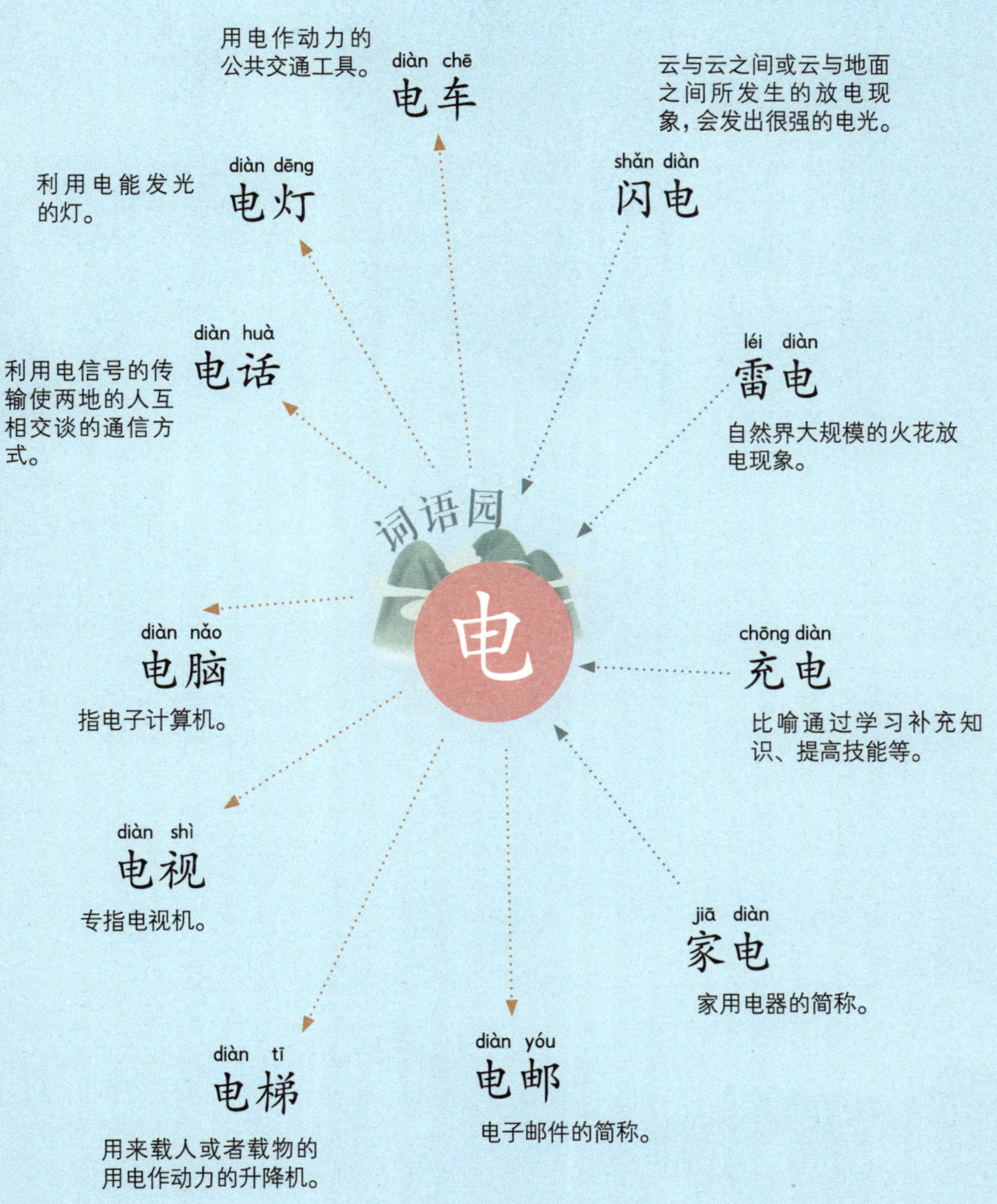
词语园
电
diàn chē
电车
用电作动力的公共交通工具。
shǎn diàn
闪电
云与云之间或云与地面之间所发生的放电现象，会发出很强的电光。
diàn dēng
电灯
利用电能发光的灯。
léi diàn
雷电
自然界大规模的火花放电现象。
diàn huà
电话
利用电信号的传输使两地的人互相交谈的通信方式。
diàn nǎo
电脑
指电子计算机。
chōng diàn
充电
比喻通过学习补充知识、提高技能等。
diàn shì
电视
专指电视机。
jiā diàn
家电
家用电器的简称。
diàn tī
电梯
用来载人或者载物的用电作动力的升降机。
diàn yóu
电邮
电子邮件的简称。

汉字乐园 与雨有关的汉字

电（電）的金文（䨻）上面是一个雨（䨒）字，下面这一组字都带有雨字。

雲

甲骨文的上部⺀是“上”字，指天，ʖ 就像空中卷曲的云的形状。小篆雲变得复杂了，在云之上又增加了一个“雨”字，表示云和雨有关系。本义是天空中的云。

雪

甲骨文用雨（⺣）表示与天空降落的雨水或白色晶体有关，是彗“篲（竹扫帚）”的本字，表示读音。本义是天上降落的白色结晶体。

雹

甲骨文上部是雨（ ）的形状，下部（ ）是冰雹的形状。本义是冰雹。

雷

甲骨文中间曲曲折折的曲线（ ）表示闪电发出的金光，是“电”字，上下两个方块（ ）表示打雷所发出的巨大声音。本义是带异性电荷的两块云接近后放电发出的强大声音。

霍

你会玩吗？

答案：霍，甲骨文上部是雨（ ），雨下面有三只隹（ ，表示鸟儿），意思是鸟儿在雨中飞翔。本义是鸟急飞的声音。

轟

汉字画

暴风雨要来了

暴风雨要来了。乌云密布，狂风呼啸，几道闪电划过天空，轰隆隆的雷声响彻大地。不一会儿，雨就下起来了。

现在，大家对电已经习以为常。但是，有关电的发现差一点出了人命。1752 年 7 月盛夏的一天，47 岁的美国科学家本杰明·富兰克林和儿子一起前往牧场，准备放风筝。到了牧场，他们把风筝抛向天空，突然电闪雷鸣，风雨交加，瓢泼大雨倾盆而下，富兰克林只好手抓住风筝线和儿子一起躲到房檐下避雨。此刻，强烈的闪电“啪”的一声击中了风筝框上的铁丝，一直传到风筝线把手的铁环上。顿时，一些电火花从富兰克林的手指上闪过，他差一点被击倒在地。可是，他不顾自己的安危，兴奋地抱起儿子，大声喊道：“电，电，我捕捉到电了！”

电就这样无意之中被富兰克林发现了。

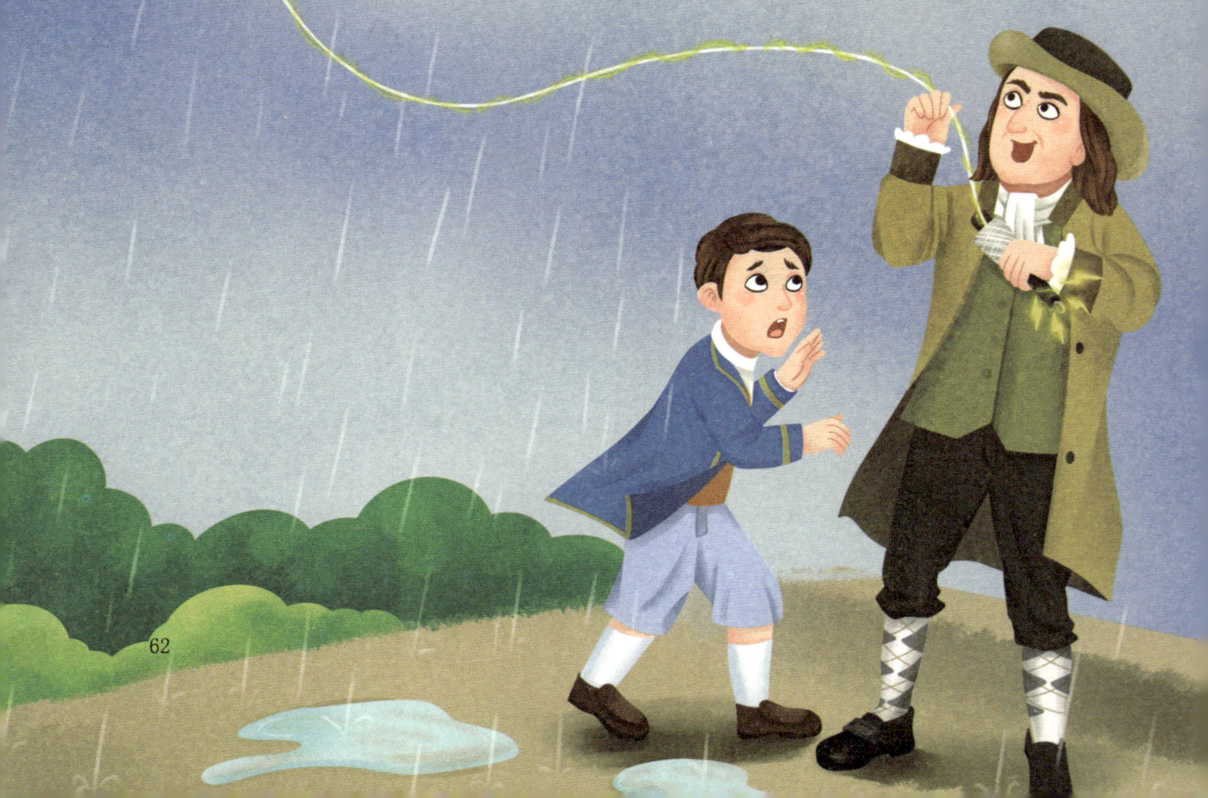

五十

两头系住的口袋

dōng

东

基本汉字中的第 50 个字

甲骨文 1

甲骨文 2

金文

篆书

隶书

楷书

唐代白居易的《钱塘湖春行》通过对西湖春光的描绘，表达了作者对钱塘湖风景的喜爱之情。其中“最爱湖东行不足，绿杨阴里白沙堤”中的东是一个象形字，读作 dōng。甲骨文、金文像口袋里装着东西、上下两头被捆绑住的样子。本义是口袋。后假借为方位词，指东方，即太阳升起的方向，如东方既白。“东方不亮西方亮，黑了南方有北方”是一句俗语，告诉人在处理事情的时候要学会变通。“等闲识得东风面，万紫千红总是春”〔宋・朱熹（xī）《春日》〕，“大儿锄豆溪东，中儿正织鸡笼”（宋・辛弃疾《清平乐・村居》），“千磨万击还坚劲，任尔东西南北风”〔清・郑燮（xiè）《竹石》〕，以上诗句里的“东”都是方位词东方。

夏日绝句

［宋］李清照

生当作人杰，死亦为鬼雄。

至今思项羽，不肯过江东。

【作者】李清照，自号易安居士，宋代杰出女词人。她的词作以“靖康之变”为界，前后词风变化明显：前期多为闺情之作，后期多为抒发个人身世的哀痛和山河破碎的感慨。

【译文】活着就应当成为人中的豪杰，死了也应当成为鬼中的英雄。至今还在追慕英勇无比的项羽，因为他宁愿死去也不肯再回到江东。

【鉴赏】公元1126年，金兵攻陷了汴京（今河南开封），第二年掳走了徽、钦二帝，史称“靖康之耻”，北宋灭亡。但南宋统治集团却只求享乐，不求收复中原。对此，李清照极为愤慨，挥笔写下了这首闪烁着爱国思想光辉的诗篇。

前两句是李清照爱国情怀的真实展现，豪言壮语，斩钉截铁。诗人提出，活着要为国家建功立业，死了也要做鬼中的英雄，才能无愧于天地。这句话是针对南宋苟且偷生、妥协投降的统治者来说的。凡是为国家民族利益慷慨就义的人，在人民心中都会树起一座丰碑，受到后人的敬仰。后两句诗人引用项羽乌江自刎（wěn）的典故，用极其精练的语言高度概括了项羽的英雄气概，以及他失败后不肯苟且偷生、悲壮自杀的壮烈精神。诗人认为直到现在人们还在思念着楚霸王项羽，就是佩服他不肯投降的气节。这两句诗是借古喻今，颂扬爱国的英雄豪杰，讽刺投降的南宋朝廷，表现了诗人的一身正气。

博士喵
赏古诗

东可以用作副词，表示向东、朝东，如付之东流。“百川东到海，何时复西归”（汉乐府《长歌行》），“天门中断楚江开，碧水东流至此回”（唐·李白《望天门山》），“大江东去，浪淘尽，千古风流人物”（宋·苏轼《念奴娇·赤壁怀古》），以上诗句中的“东”都表示向东的意思。

把〇中的字填上，并说一说加拼音词的意思。

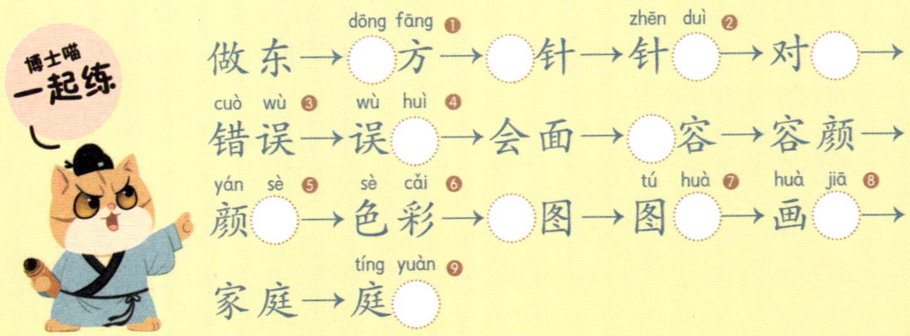

做东→〇方(dōng fāng ①)→〇针→针〇(zhēn duì ②)→对〇→

错误(cuò wù ③)→误〇(wù huì ④)→会面→〇容→容颜→

颜〇(yán sè ⑤)→色彩(sè cǎi ⑥)→〇图→图〇(tú huà ⑦)→画〇(huà jiā ⑧)→

家庭→庭〇(tíng yuàn ⑨)

① 太阳出来的一边。
② 对准。
③ 不正确；与客观实际不相符。
④ 误解对方的意思。
⑤ 由物体发射、反射或透过的光波通过视觉所产生的印象。
⑥ 颜色。
⑦ 在平面上用线条或色彩构成的形象。
⑧ 擅长绘画的人。
⑨ 院子。

答案：东、方、对、错、会、面、色、彩、画、家、院

车损缺后轴，两边挂葫芦。
大道往前走，迎来太阳出。

谜底：东

成语园

东

dōng shān zài qǐ
东山再起
比喻再度得势。

dōng chuāng shì fā
东窗事发
比喻阴谋败露。

dōng dǎo xī wāi
东倒西歪
时而倒向这边，时而倒向那边。形容站立不稳，或姿态不端正。

dōng shī xiào pín
东施效颦
比喻拙劣模仿，结果适得其反。

dōng zhāng xī wàng
东张西望
形容心神不定、漫无目标或慌张的样子。

shēng dōng jī xī
声东击西
在东边佯装声势，而真正要打击的是西边。泛指麻痹对方、虚虚实实的一种战术。

fù zhū dōng liú
付诸东流
比喻事情前功尽弃或最后希望落空。

gè bēn dōng xī
各奔东西
各走各的路。比喻各人按不同的志向，寻找自己的前途。

西 东

"东西（dōngxi）"这个词与宋朝著名的理学家朱熹（xī）有关。有一次，朱熹看见好朋友盛温如提着一只小篮子，好奇地问他提着篮子干什么，盛温如回答说他要买东西。朱熹笑着问："难道就不能买南北吗？"盛温如解释说："确实不能买南北！"朱熹询问其中的缘故，盛温如答道："东方属木，西方属金，凡是木类、金类的物品，我这篮子都可以装，所以可以说买东西；而南方属火，北方属水，水火不相容，凡是水类、火类的物品，我这篮子都不能装，所以的确不能买南北。"后用"东西"泛指各种具体或抽象的人、事、物。

博士喵
讲故事

五十一

一年最后的季节

dōng

冬

基本汉字中的第 51 个字

甲骨文 1

甲骨文 2

金文

篆书

隶书

楷书

冬的甲骨文和金文是一个象形字，读作 dōng。甲骨文、金文像一根两头弯曲打结的绳子，表示末了，这个意义后来写作“终”。

因为冬天是一年的末了，所以冬可以代指冬季，一般指立冬到立春的三个月时间，如春夏秋冬、寒冬腊月。“冬去冰须泮（pàn），春来草自生”（唐·冯道《天道》），意思是说，冬去春来，河里的冰融化了，地上的草发芽了，形象生动地说明了一种自然现象。

后用冬专指冬天，如冬暖夏凉。“冬雷震震，夏雨（yù）雪，天地合，乃敢与君绝”（汉乐府《上邪》），诗人运用离奇的想象，表现了主人公希望两人爱情天长地久。

冬可以用作拟声词，用来模拟敲鼓的声音，如“冬冬鼓动，花外沈残漏”（宋·贺铸《鹤冲天》），这个意义后来写作“咚”。

词语园

冬

dōng tiān
冬天
冬季。

guò dōng
过冬
度过冬天。

dōng jì
冬季
一年的第四个季节。

hán dōng
寒冬
寒冷的冬天；冬季。

dōng guā
冬瓜
一种常见蔬菜。

yán dōng
严冬
极冷的冬天。

dōng mián
冬眠
某些动物在寒冷的冬季休眠。

lóng dōng
隆冬
冬天最冷的一段时间。

dōng zhì
冬至
二十四节气之一，在公历 12 月 21、22 日或 23 日。

lì dōng
立冬
二十四节气之一，在公历 11 月 7 日或 8 日。

冬冬和红红

冬冬和红红，　从小爱劳动。

冬冬种小葱，红红栽青松。

冬冬帮红红栽青松，红红帮冬冬种小葱。

训练目的：韵母 ong

冬（）天来了，许多（）动物冬眠了。蛇（）儿蜷曲着身（）子，松鼠（）在睡（）大觉，蚯蚓和青蛙躲在泥土（）里，蜗（）牛和乌龟（）藏在松软的稻（）草（）中（）。

颜鲁公

“冬烘”是一个典故，说的是唐朝侍郎郑薰（xūn）的事情。

有一年，他做主考官，主持科举考试。开考后，郑薰发现考生中有一个叫颜标的人，他自以为是地认为这个人就是颜真卿的后代，而他却非常崇拜颜真卿，于是就点颜标为第一名。张榜公布后，凡是中（zhòng）榜的考生都要向主考官致谢。郑薰见到颜标后，非常客气地问：“颜状元，您家住哪里？祖上有何人？”颜标非常谦卑地回答：“回恩公的话，我是……”郑薰听后吓得脸色大变，不由得喊了出来：“你不是颜鲁公（因颜真卿被封鲁郡公，人称'颜鲁公'）的后代？”这件事被其他人知道后，有人写了一首诗，其中有“主司头脑太冬烘，错认颜标作鲁公”。

后用“冬烘”指人思想迂腐、知识浅陋。

五十二

用力改变原位置

dòng

动

基本汉字中的第 52 个字

金文

篆书

動

隶书

楷书

唐代王维《山居秋暝》诗句“竹喧归浣女，莲动下渔舟”中的动是一个形声字，读作 dòng，繁体写作動。古文中用“辵”或“力”表示意义，用“重”表示读音，本义是行动，如活动、稍安勿动、按兵不动。“寨中人蜷伏不少动”（清·徐珂《清稗类钞·战事类》），描写了面对敌人的入侵，寨子中的人伏在那里一动不动，以免被敌人发现。

山园小梅（其一）

［宋］林逋

众芳摇落独暄妍，占尽风情向小园。

疏影横斜水清浅，暗香浮动月黄昏。

【译文】百花凋（diāo）零的时候，梅花迎着寒风独自怒放，那明媚艳丽的景色把小园的风光全部占了。梅花稀疏的影儿，横斜在清浅的水中，清幽的芳香浮动在黄昏的月光之下。

动如果作用于人心或感情，就是感动、心意改变、发作的意思，如动心、为之动容、动人心魄、动听的歌喉。“萧萧梧叶送寒声，江上秋风动客情”（宋·叶绍翁《夜书所见》），意思是说，秋天来临，落叶遍地，寒凉的秋风引发了浪子的思乡之情。

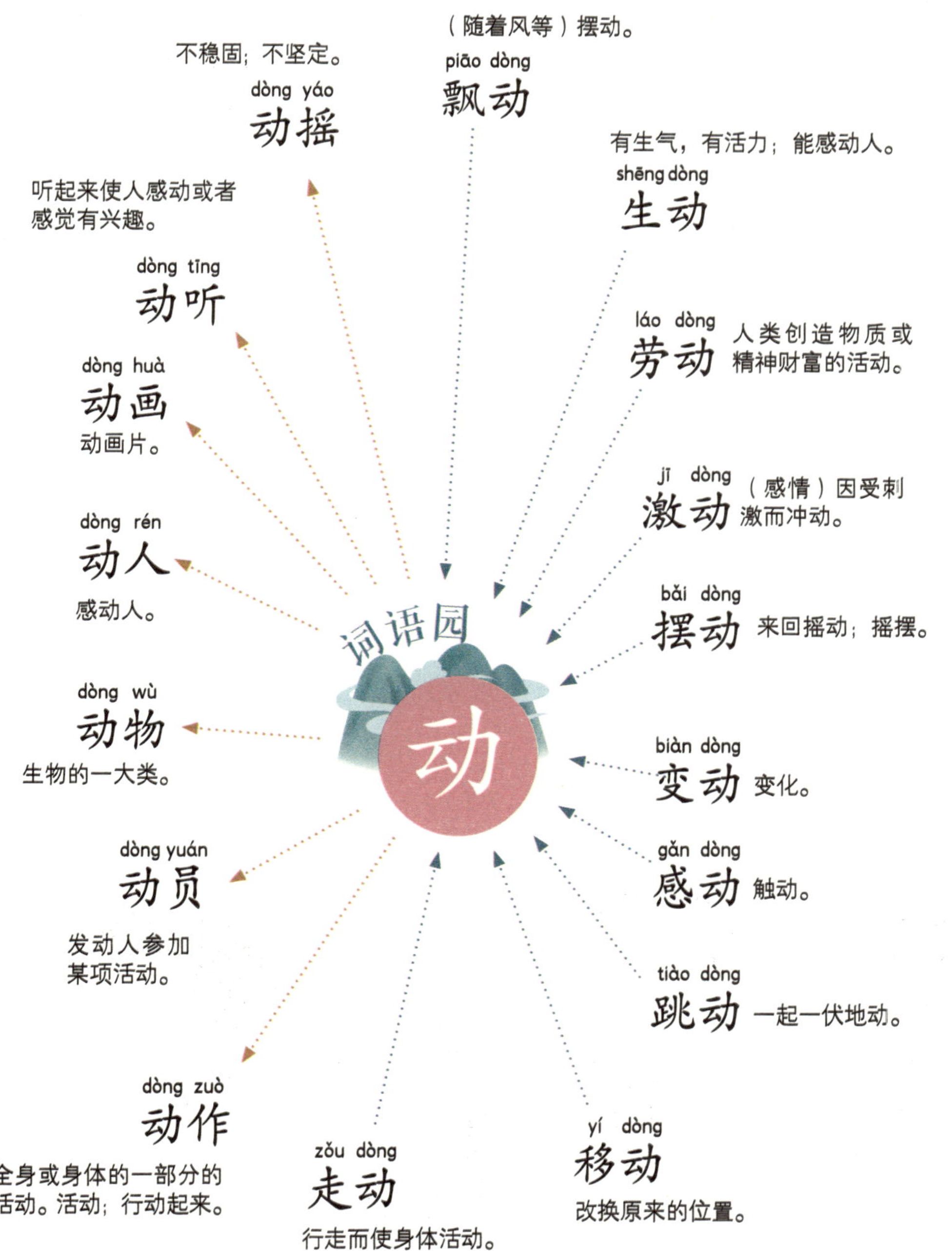
词语园
动
（随着风等）摆动。
piāo dòng
飘动
不稳固；不坚定。
dòng yáo
动摇
有生气，有活力；能感动人。
shēng dòng
生动
听起来使人感动或者感觉有兴趣。
dòng tīng
动听
láo dòng
劳动
人类创造物质或精神财富的活动。
dòng huà
动画
动画片。
jī dòng
激动
（感情）因受刺激而冲动。
dòng rén
动人
感动人。
bǎi dòng
摆动
来回摇动；摇摆。
dòng wù
动物
生物的一大类。
biàn dòng
变动
变化。
dòng yuán
动员
发动人参加某项活动。
gǎn dòng
感动
触动。
tiào dòng
跳动
一起一伏地动。
dòng zuò
动作
全身或身体的一部分的活动。活动；行动起来。
zǒu dòng
走动
行走而使身体活动。
yí dòng
移动
改换原来的位置。

“食指大动”是一个成语故事，说的是春秋时期郑国大（dà）夫子公的事。

有一天，子公和子家一起去朝（cháo）见郑灵公，快要到宫门时，子公的食指忽然动了起来。子公对子家说：“每次我的食指动弹，就一定会有美味可以品尝。”二人走进宫门的时候，看到厨师正准备做鼋（yuán）羹。子公和子家不由得相视而笑。郑灵公问他们为什么发笑，子家就把子公的话跟郑灵公说了。郑灵公有些不高兴，心想：“能不能灵验，最后得由我决定。”鼋羹做好后，郑灵公请其他大夫品尝，却唯独不给子公喝。

后用“食指大动”指有意外口福的征兆。也形容看到好吃的东西而贪婪的样子。

五十三

建有宗庙的城邑

dōu/dū

都

基本汉字中的第 53 个字

金文

篆书

隶书

楷书

都是一个形声字，读作 dū，本义是建有宗庙的城邑。在古代，把没有宗庙的地方叫作邑。“都”后来代指国都，如都城、定都金陵。“淮左名都，竹西佳处”（宋·姜夔《扬州慢》）中的“都”指的是国都。

早春呈水部张十八员外

［唐］韩愈

天街小雨润如酥，草色遥看近却无。
最是一年春好处，绝胜烟柳满皇都。

【译文】温润如酥油般的小雨落在京城的街道上，远远就能望见淡淡的青草色，走近了却难以找见。这是一年中最美好的春季景色，远远胜过京城里的如烟柳色。

因为都城统领所有的城邑，所以都可以用作副词，表示全部、统统，读作 dōu，如桃花都开了、大家都在看书。“怪生无雨都张伞，不是遮头是使风”（宋·杨万里《舟过安仁》），意思是说，怪不得没下雨他们却统统张开了伞，原来不是为了遮雨，而是用伞当帆让船前进。“敲门都不应，倚杖听江声”（宋·苏轼《临江仙》），说的是诗人喝酒喝得酩酊（mǐng dǐng）大醉，连敲门声都听不到。

都可以用在“都护”中，都护是西汉设置的一个官名，“都”当全部讲，“护”是带兵监护，都护即总监护之意。比如“将军角弓不得控，都护铁衣冷难着”（唐·岑参《白雪歌送武判官归京》），“萧关逢候骑，都护在燕然”（唐·王维《使至塞上》）。

把○中的字填上，并说一说加拼音词的意思。

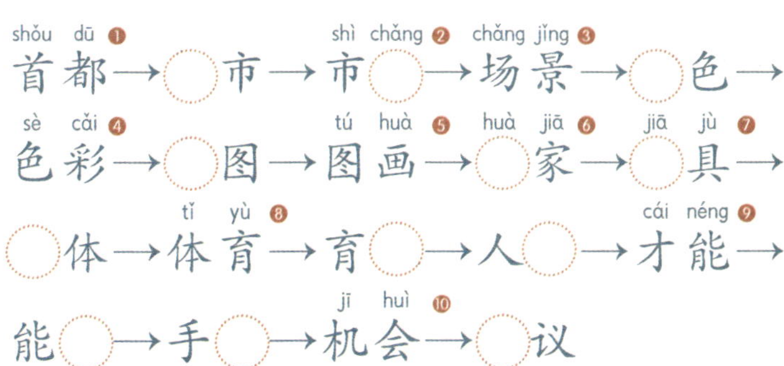

❶ 国家最高政权机关所在地，是全国的政治中心。

❷ 商品交易的场所。

❸ 指戏剧、电影中的场面。

❹ 颜色。

❺ 在平面上用线条或色彩构成的形象。

❻ 擅长绘画的人。

❼ 家庭用具，主要指床、柜、桌、椅等。

❽ 指体育运动。

❾ 知识和能力。

❿ 适宜的时候；时机。

答案：都、场、景、彩、画、家、具、人、才、手、机、会

汉字乐园　与邑（阝）有关的汉字

部（甲骨文）的甲骨文右边是一个邑（甲骨文）字，下面这一组字都带有邑字。

邑

甲骨文上部是一个口（口，表示疆域），下部是一个面朝左跪着的人（甲骨文，代表人民），意思是有疆域有人民的地方。本义是国，引申为行政区划名。

邦

甲骨文上部是丰（甲骨文），同“封”，像植树为界并加土堆；下部是田（甲骨文），意思是在田里植树为地界。本义是分封的诸侯国。

郭

甲骨文 金文 ，甲骨文和金文都像城垣上二亭两两相对的样子，表示城的外墙。本义是外城。

郑（鄭）

金文的上部像一个酒樽（，酉），下面是底座（，丌，jī）。意思是把酒樽放在底座上，祭祀祖先和鬼神。“奠”是“郑”的本字。本义是把祭品放在神位前祭神，引申为郑重。

鄙（啚） 你会玩吗？

答案：甲骨文上部是一个口（，表示城邑），下部像禾穗堆积的样子（），意思是城外堆积禾穗的地方。本义是乡下或边远地区。

博士喵讲故事

“成都卖卜（bǔ）”说的是严君平的故事。

严君平是西汉著名的思想家、易学家。他生性清高，不愿为官，喜欢过淡泊清净的日子，一生隐居在成都的市井之中，经常到集市摆摊算卦占卜，这样可以获得数百铜钱，以此来养活自己。闲暇之时，严君平闭门谢客，博览群书，著述《老子注》《老子指归》等，对道教的发展起到了重要的作用。

后来，人们把占卜称为“成都卖卜”。

五十四

古代高脚盛食器

dòu

基本汉字中的第 54 个字

甲骨文

金文 1

金文 2

篆书

隶书

楷书

《鱼我所欲也》中有“一箪（dān）食，一豆羹，得之则生，弗得则死”的名句。其中的豆是一个象形字，读作 dòu。甲骨文像一个高脚盘的形状，有的带盖，有的不带盖，本义指古代一种盛（chéng）放食物的器皿，如俎豆（俎和豆是古代祭祀、宴会时盛食品的两种器皿）。

后来，豆假借为“菽（shū）”，成为所有豆类植物的总称，如黄豆、小豆。

清平乐·村居

［宋］辛弃疾

茅檐低小，溪上青青草。醉里吴音相媚好，
白发谁家翁媪（ǎo）？大儿锄豆溪东，
中儿正织鸡笼。最喜小儿亡赖，溪头卧剥莲蓬。

【作者】辛弃疾，字幼安，号稼轩。南宋豪放派代表人物。他的词题材极其广泛，以豪放为主，内容以驱除外敌、恢复国家统一为主，多抒发壮志难酬的愤懑。后人将他与苏轼并称为“苏辛”。

【译文】草屋的屋檐低矮狭小，溪边长满了青青小草。吴地方言在醉后听起来更加柔美悦耳，那一对白发老夫妻是谁家的？大儿子在溪东边的豆田里锄草，二儿子正在编织鸡笼。

最顽皮、可爱的是小儿子，正躺在溪边剥莲蓬中的莲子吃呢！

【鉴赏】这首词描绘了农村一个五口之家的日常生活场景，生活气息浓郁、温馨而自然。

上片的前两句先写他们宁静优美的居住环境：茅屋矮小，溪水环绕，碧草青青。接着写一对老年夫妻在一起幸福地喝着酒聊着天，醉意正浓，悠闲惬（qiè）意。下片简洁明了地写这对夫妻的三个儿子：大儿子在地里忙着锄草；二儿子做一些辅助劳动，编织鸡笼；最受疼爱的小儿子正躺在溪边剥莲蓬吃呢！“亡赖”意为“顽皮”，是对小儿的爱称。“卧”字将小儿子的娇憨之态描写得栩栩如生，极富情趣。读后，一幅优美的田园风景图活灵活现地展现在面前，不由得让人心神往之。

博士喵 赏古诗

什么叫“豆蔻年华”？

豆蔻年华是一个成语，读作 dòu kòu nián huá。豆蔻是一种开淡黄色花的植物，人们常用它来比喻少女。“豆蔻年华”指代少女十三四岁时的美好青春年华。

主（ ）人要招待客（ ）人了。厨房中煮肉的大鼎（ ）正散发着香浓的气（ ）味。一个人把鬲（ ）里煮着的米捞出来，放到甑（ ）上蒸成米（ ）饭，另外一个鬲中熬着羹汤。当饭菜准备好了的时候，女主人用器皿（ ）盛饭，把肉放在豆（ ）器里，把羹汤倒进汤盘里。他们一边吃肉，一边用爵（ ）饮（ ）酒（ ）。

汉字画

丰盛的筵席

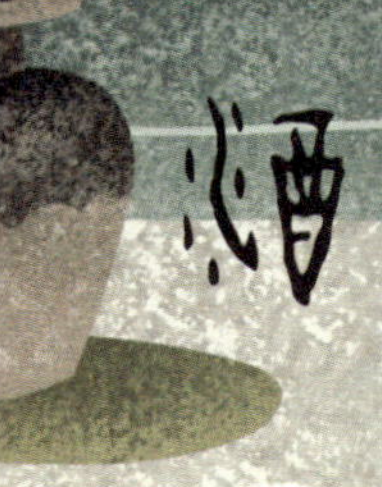

主

客

豆

爵

鼎

气

鬲

甑

米

酒

饮

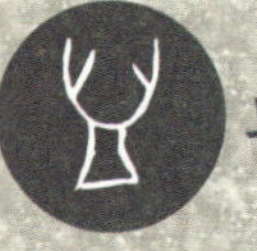
皿

博士喵

讲故事

魏国的皇帝曹丕，因为嫉妒弟弟曹植的才华，令他在七步之内作一首描写兄弟情深的诗，否则就要把他杀了。曹植知道曹丕的险恶用心，于是不假思索，脱口而出："煮豆燃豆萁（qí），豆在釜（fǔ）中泣。本是同根生，相煎何太急。"意思是说用豆秸做柴火来煮豆子，豆子在釜（古代的炊事用具，类似现在的锅）中哭泣。豆秸和豆子本来是同根所生，为什么豆秸却要如此地煎熬豆子呢！

"煮豆燃豆萁"原比喻弟兄间互相残害。现比喻自己人闹不团结，自相伤害。

五十五

出手应付或应答

duì

对

基本汉字中的第 55 个字

“对床夜语”是一个典故，说的是风雨之夜，两个好朋友床对着床，有说不完的话。这里的对是一个会意字，读作 duì，繁体写作對。本义是应对、应答，如对答、无言以对。“叶公问孔子于子路，子路不对”（《论语·述而》），“子路不对”就是子路不回答。

从本义引申出面对、两两相对，如对抗、对弈、多边对话、针锋相对。“两岸青山相对出，孤帆一片日边来”（唐·李白《望天门山》），生动地描绘了天门山雄伟壮丽的景象。

对话是一方对另一方的行为，所以从中可以引申出对待、对付的意思，如对事不对人。从两两相对可以引申为匹配、相当，如门当户对。匹配的男女有可能成为配偶，如配对；匹配的两人有可能成为对手，如敌对力量；两人心意相匹配，就会情投意合，如对心思、对脾气；匹配的事物也可以拼合起来，如对接、对不拢。

对用作量词，一般成双使用，如一对耳环、一副对联。

对也可以用作介词，表示对于、面对、向，如对牛弹琴、他对我表示感谢。“对着镜子作揖——自己恭维自己”是一句歇后语，说的是自我欣赏的意思。“人生得意须尽欢，莫使金樽空对月”（唐·李白《将进酒》），“月落乌啼霜满天，江枫渔火对愁眠”（唐·张继《枫桥夜泊》），以上诗句中的“对”都是对着的意思。

两种事物相对比较。
duì bǐ
对比
以某种态度或行为加之于人或事物。
duì dài
对待
面前对着（问题、形势等）。
miàn duì
面对
duì zhào
对照
互相对比参照。
fǎn duì
反对
不赞成；不同意。
duì miàn
对面
对过儿。
词语园
zhēn duì
针对
对准。
对
duì shǒu
对手
竞赛的对方。
zuò duì
作对
做对头；跟人为难。
duì xiàng
对象
行动或思考时作为目标的人或事物。
xiāng duì
相对
互相朝着对方；面对面。
duì yú
对于
引进对象或事物的关系者。
duì fāng
对方
跟行为的主体处于相对地位的一方。

“对簿”这个词语与汉代“飞将军”李广有关。

有一次，汉武帝任命卫青为大将军出击匈奴，封李广为前将军，听从大将军的指挥。到了边塞（sài），卫青亲自做前锋，任李广和右将军从左右夹击，准备一举消灭匈奴。卫青率领一骑人马，袭击了匈奴的营地，可是由于李广的队伍迷了路，没有能够及时与大将军会合，结果匈奴单（chán）于逃跑了。于是大将军卫青暴跳如雷，吼道：“把李广找来对簿，定他死罪！”在法庭上，李广把所有罪责都揽在自己身上，甘意接受惩罚。

后用“对簿”指在公堂上受审。